1차시
곰이 사람이 될 수 있을까?

- **똑똑, 궁금해요** 나랑 비슷한 동물은?
- **쑹쑹, 역사 속으로 1** 고조선을 세운 단군왕검
- **쑹쑹, 역사 속으로 2** 고구려를 세운 주몽
- **짜잔, 나도 할 수 있어요** 나를 소개해 봐요
- **휙휙, 오늘의 미션** 우리 가족 소개

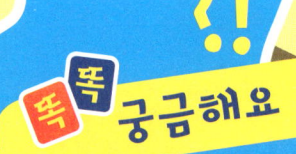

나랑 비슷한 동물은?

감돌이가 누나 방으로 급하게 들어갑니다. 뭔가 누나에게 부탁할 일이 있는 모양이에요. 과연 무슨 일일까요?

 누나, 누나! 나 좀 도와줘! 선생님이 내일 친구들에게 자기 소개를 하라고 하셨어. 그런데 뭘 어떻게 해야 하지?

 네가 잘하는 일이나 좋아하는 것을 친구들에게 얘기해 주면 되잖아.

 그런데 어떻게 얘기를 시작해야 할지 모르겠어.

 이렇게 하면 어떨까? 너와 비슷한 동물을 하나 찾아봐. 그리고 그 동물을 이용해서 너를 소개하는 거야.

 비슷한 동물? 아, 그러면 ㉠_____가 좋겠어. 나는 키는 좀 작지만 재빠르고 야채도 잘 먹으니까. 또 나는 똑똑하니까. 누나는 이렇게 좋은 생각을 어떻게 해냈어? 히히히……

 옛날 사람들도 자기와 비슷한 동물을 이용해서 자신을 널리 알렸거든. 너 ㉡곰이 사람이 된 얘기 알아? 또 ㉢알에서 사람이 태어난 얘기는?

 곰이 사람이 되고, 알에서 사람이 태어났다구? 그게 정말이야? 누나, 그 얘기 좀 해 줘!

감돌이가 누나에게 도와 달라고 한 일은 무엇인가요?

 누나는 감돌이에게 어떤 방법을 알려 주었나요?

 감돌이가 친구들에게 알리고 싶은 자신의 좋은 점은 무엇인가요?

 밑줄 친 ㉠에서 감돌이가 나와 비슷한 동물로 찾은 동물은? 그 동물의 모습을 그려 봐요.

 밑줄 친 ㉡의 사람이 된 곰이나 ㉢의 알에서 태어난 사람이 누구인지 혹시 알고 있나요?

역사속으로 1 : 고조선을 세운 단군왕검

✏️ 다음 그림을 내 멋대로 연결하고 내 맘대로 이야기를 만들어 봐요.

①
②
③
④
⑤
⑥

▶ 내 멋대로 연결

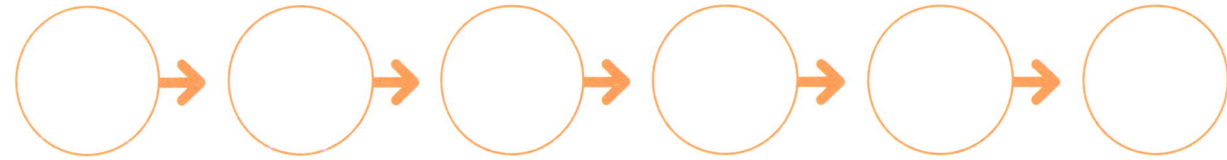

▶ 내 맘대로 이야기

✏️ 이번에는 선생님이 얘기해 준 순서대로 그림을 다시 연결하고 이야기를 만들어 봐요. 내가 만든 이야기와 같은 점과 다른 점은 무엇인가요?

○ → ○ → ○ → ○ → ○ → ○

○번

환인은 하늘나라를 다스리는 신이에요.

○번

환웅은 어디로 내려가고 있나요?

○번

곰과 호랑이는 환웅에게 무슨 말을 하고 있을까요?

○번

곰과 호랑이는 어떻게 되었나요?

○번

환웅과 여자에게는 무슨 일이 있었나요?

○번

단군왕검은 무슨 일을 했나요?

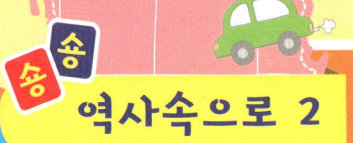

역사속으로 2
고구려를 세운 주몽

🟩 다음 주사위 게임을 하면서 주몽이 고구려를 세우는 이야기를 알아봐요.

주몽 이야기

주몽은 원래 부여에서 살았는데 알에서 태어났어요. 주몽은 어려서부터 활을 매우 잘 쏘고 재주가 뛰어났지요. 부여 왕의 아들들은 주몽을 질투하여 죽이려 했어요. 주몽은 부여를 떠날 수밖에 없었지요. 부여를 무사히 탈출할 수 있도록 주몽을 도와주세요.

[게임 방법]

❶ 주몽팀과 부여왕자팀으로 나누어요. 주몽팀은 주사위를 굴려 나온 수만큼 출발지(부여)에서 도착지(졸본) 쪽으로 이동해요.

❷ 부여왕자팀은 주몽팀이 출발하고 2번을 기다린 후에 출발해요. 만약 부여왕자팀이 주몽팀을 따라잡으면 주몽팀은 다시 출발지로 돌아가요.

❸ 부여왕자팀이 주몽팀을 3번 잡으면 부여왕자팀의 승리, 주몽팀이 부여왕자팀을 따돌리고 도착지(졸본)에 먼저 도착하면 주몽팀의 승리예요.

나를 소개해 봐요

📕 감돌이는 단군왕검과 주몽의 이야기를 듣고 다음과 같은 궁금증이 생겼대요. 여러분이 감돌이의 궁금증을 풀어 줘요.

❓ "단군왕검은 왜 엄마가 곰이었다가 사람으로 변했다고 했을까요?"
→

❓ "주몽은 왜 자신이 알에서 태어났다고 했을까요?"
→

🦶 여러분도 감돌이처럼 나와 비슷한 동물을 하나 찾아봐요. 아래에 그 동물을 그리고 나와 비슷한 점을 써요.

나와 비슷한 동물	나와 비슷한 점

나와 비슷한 동물을 알려 주며 자기 소개를 해요. 친구들이 하는 말을 잘 듣고 받아 써요.

이 름	동물 이름	비슷한 점

누가 가장 자신과 비슷한 동물을 잘 선택해서 발표했나요?

오늘의 미션: 우리 가족 소개

우리 가족과 비슷한 동물을 찾고 가족들한테 얘기해 줘요. 가족들은 어떤 반응을 보였나요?

아빠와 비슷한 동물 :

아빠의 반응 :

엄마와 비슷한 동물 :

엄마의 반응 :

_____ 와 비슷한 동물 :

_____ 의 반응 :

_____ 와 비슷한 동물 :

_____ 의 반응 :

가족들의 반응을 다음 주에 선생님에게 꼭 들려 주세요!

2차시
설날에는 왜 떡국을 먹을까?

- **똑똑 궁금해요** 꿩 대신 닭이라고?
- **쏭쏭, 역사 속으로 1** 떡국 이야기
- **쏭쏭, 역사 속으로 2** 설날의 세시풍속
- **짜잔, 나도 할 수 있어요** 윷놀이 해보기
- **휙휙, 오늘의 미션** 우리 가족의 설날 음식

꿩 대신 닭이라고?

배가 출출한 감돌이는 방에서 나와 부엌으로 쪼르르 달려갑니다. 엄마에게 맛있는 간식을 달라고 하려나 봐요.

 엄마 저 배고파요. 간식 좀 주세요.

 그래, 엄마가 금방 가래떡 구워 줄게.

 와, 맛있겠다. 엄마 꿀도 같이 주세요. 꿀에 찍어 먹으면 더 맛있거든요.

 감돌아, 가래떡 먹고 엄마 좀 도와줄래? 오늘 저녁에 떡국 끓일 건데, 엄마가 얘기하는 것들을 냉장고에서 가져오면 돼.

 네, 엄마. 만두도 꼭 넣어 주세요. 히히.

(누나가 돌아오자 감돌이는 누나에게 자랑합니다.)

 누나, 떡국 좋아하지? 나한테 고마워해. 오늘 떡국 끓일 때 내가 엄마 많이 도와 드렸단 말야.

 그래, 내가 없으니까 꿩 대신 닭이라고, 너한테 도와 달라고 하셨구나.

 뭐? 꿩 대신 닭이라니? 누나 지금 나 놀리는 거야?

 아니야, 옛날에 떡국을 끓일 때 말야……

💡 감돌이는 간식으로 무엇을 먹었나요?

💡 여러분도 가래떡을 먹어 본 적이 있지요. 가래떡을 떠올려 봐요.
  1 가래떡은 어떤 모양이었나요?

  2 가래떡은 어떤 색깔이었나요?

  3 가래떡의 맛은 어땠나요?

  4 여러분은 가래떡을 어떻게 먹었나요?

💡 감돌이네는 오늘 저녁에 무엇을 먹기로 했나요?

💡 감돌이는 떡국에 무엇을 꼭 넣어 달라고 했나요? 무엇을 넣으면 떡국이 더 맛있을까요?

💡 누나가 말하는 '꿩 대신 닭'이라는 말은 무슨 뜻일까요? 이 말은 떡국과 무슨 관계가 있을까요?

떡국 이야기

떡국에 빠지면 안 되는 재료가 바로 떡이에요. 떡국 떡은 가래떡을 썰어서 만들지요. 재미있는 가래떡 썰기 이야기를 들어 봐요.

한석봉은 조선 시대에 글씨를 잘 쓰기로 유명했던 사람이에요. 하지만 아버지를 일찍 여의고 떡장사를 하는 홀어머니 손에 자랐기 때문에 매우 가난했어요. 그래서 손에 물을 찍어서 돌 위에 글씨 연습을 했대요.

글 쓰는 솜씨가 차츰 나아지자 한석봉의 어머니는 그를 유명한 절로 보내 10년 동안 공부하게 했어요. 공부가 끝날 때까지 집으로 돌아오지 못하게 했지요. 그러던 어느 날이었어요.

어머니, 어머니. 저 석봉이에요. 제가 돌아왔어요.

석봉아, 아직 10년이 되려면 멀었는데 왜 벌써 돌아왔느냐?

그 동안 열심히 글쓰기 공부를 했습니다. 제 실력은 이미 충분합니다. 이제 그리운 어머니와 함께 살고 싶습니다.

그래? 그렇다면 네 실력을 한 번 보자. 불을 끄고 나는 떡을 썰 테니 너는 종이에 글씨를 써 보아라.

(불을 켜고 보니 어머니의 떡은 가지런했으나 한석봉의 글씨는 매우 삐뚤빼뚤했어요.)

너의 실력을 이제 알겠느냐. 지금 당장 다시 공부하러 떠나거라.

어머니……

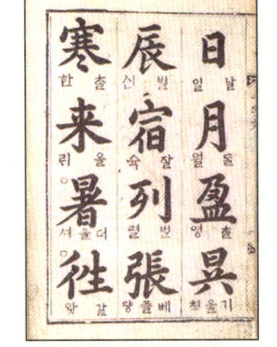

한석봉의 글씨

※ 이 이야기는 〈동야휘집〉이라는 책에 실려 있어요.

✏️ 다음 가래떡을 보고 점선을 따라 떡을 썰면 어떤 모양이 나올지 생각해서 그려 봐요. 처음에는 ①의 방법으로 가래떡을 썰다가 점차 ②의 방법으로 썰게 되었대요. 왜 그랬을까요?

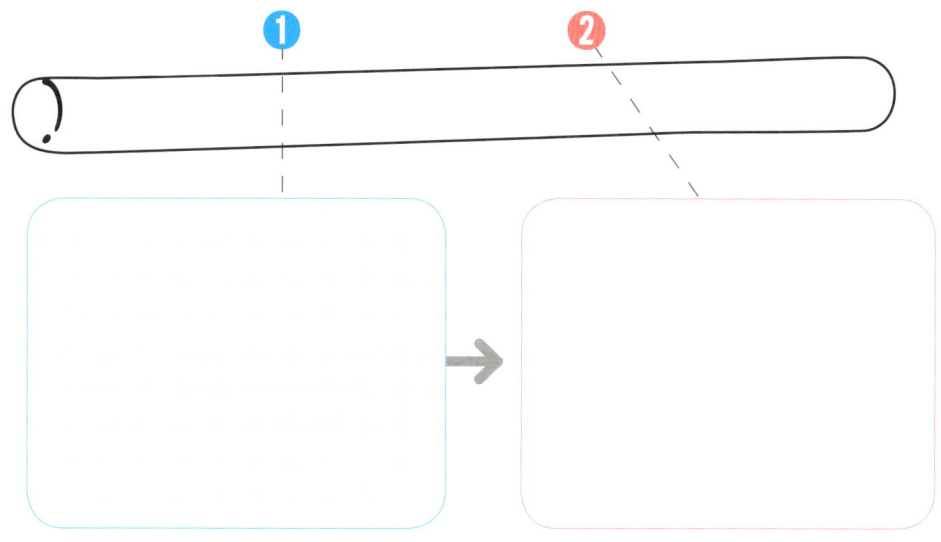

✏️ 설날의 대표적인 음식은 떡국이에요. 서로 관계 있는 것끼리 연결하고 그 이유를 말해 봐요.

 둥글고 납작하게 썰어 놓은 떡의 모습 ✽   　　✽ 깨끗한 몸과 마음으로 새해를 맞이하라는 뜻

 길게 늘인 가래떡 ✽   　　✽ 떡국 떡의 모습이 엽전(동전)을 닮아 재산이 많이 불어나기를 바라는 뜻

 맑은 국물에 끓인 하얀 떡 ✽   　　✽ 긴 가래떡처럼 오래오래 살라는 뜻

역사속으로 2

설날의 세시풍속

새해 첫 날 1월 1일인 설날은 묵은해를 보내고 새해 첫 아침을 맞는 명절이에요. 설날에는 어떤 일을 했을까요?

✏️ 설날에는 새해 첫 날을 맞이하여 새 옷을 입어요. 이를 설빔이라고 해요. 설빔 입은 모습을 예쁘게 색칠해요.

✏️ 설빔을 차려입고 차례를 지내요. 설날 차례상에는 어떤 음식들이 올라가나요?

16

✏️ 차례를 마치면 가까운 어른들에게 세배를 드려요. 세배하는 법을 읽고 그대로 따라 해 봐요. 누가 제일 잘했나요?

① 남자의 세배법

오른손 위에 왼손을 포개어 잡은 손을 눈높이로 올려요. → 손을 내리면서 바닥을 짚어요. → 왼쪽 무릎을 먼저 꿇고 오른쪽 무릎을 마저 꿇어요. → 팔꿈치를 바닥에 붙이며 머리를 숙여요. → 포개진 손으로 오른쪽 무릎을 짚으며 일어나요. → 포개진 손을 눈높이에 올렸다가 내린 후 가볍게 머리를 숙여요.

② 여자의 세배법

왼손 위에 오른손을 포개어 잡은 손을 어깨 높이로 올려요. → 왼쪽 무릎을 먼저 꿇고 오른쪽 무릎을 마저 꿇은 후, 엉덩이가 뒤꿈치에 닿도록 앉아요. → 몸을 45도 정도 굽혔다가 윗몸을 일으켜요. → 오른쪽 무릎을 먼저 세우고 일어나 두 발을 모아요. → 올렸던 두 손을 내리고 가볍게 머리를 숙여요.

✏️ 여러분이 세배를 드리면 어른들은 덕담을 해 주시고 세뱃돈도 주지요. 여러분이 듣고 싶은 덕담을 써 봐요. 세뱃돈으로는 무엇을 하고 싶나요?

아빠	

엄마	

나는 세뱃돈으로 _____ 을 하고 싶다.

윷놀이 해보기

📕 설날에는 가족들이 모두 모여 윷놀이를 해요. 선생님에게 윷놀이 설명을 듣고 윷놀이를 직접 해 봐요.

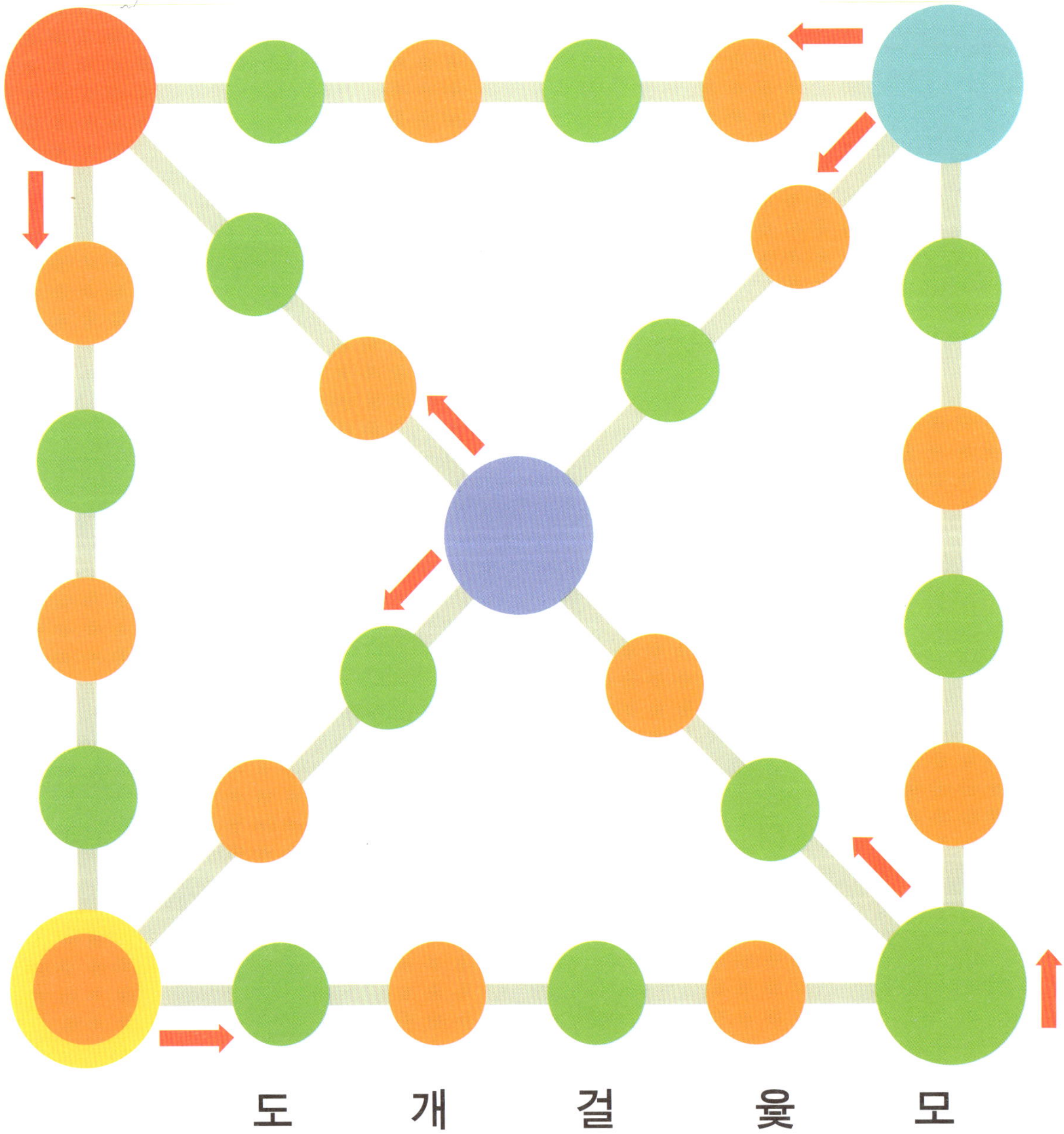

도　개　걸　윷　모

여러분 집에서는 설날에 가족들이 모이면 무슨 놀이를 하나요?

1 놀이의 이름은?

2 놀이의 내용은?

 다음 감돌이와 누나의 대화를 듣고 여러분의 생각을 말해 봐요.

 떡국을 먹는 이유를 알고 나니까 앞으로 설날에는 떡국을 꼭 먹어야겠네요.

 설날에 떡국을 먹는 이유를 알겠어요. 하지만 꼭 떡국을 먹어야 하나요? 좋은 뜻을 담고 있는 다른 음식을 먹어도 되잖아요.

누나

감돌

오늘의 미션: 우리 가족의 설날 음식

설날에 떡국을 먹는 의미를 가족들에게 얘기해 줘요. 설날에 떡국 말고 또 먹고 싶은 음식이 무엇인지도 물어 봐요.

아빠
- 먹고 싶은 음식 :
- 먹고 싶은 이유 :

엄마
- 먹고 싶은 음식 :
- 먹고 싶은 이유 :

- 먹고 싶은 음식 :
- 먹고 싶은 이유 :

- 먹고 싶은 음식 :
- 먹고 싶은 이유 :

가족들이 설날에 먹고 싶어하는 음식을 다음 주에 선생님에게 꼭 들려 주세요!

3차시
바위에 왜 고래 그림을 그렸을까?

 그림일기는 창피하다고?

 바위에 그린 고래 그림

 울산 반구대 바위그림의 역사

 그림으로 표현해 보기

 그림 엽서 쓰기

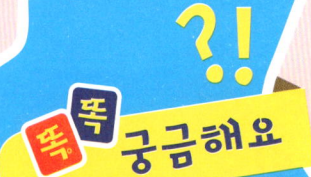

그림일기는 창피하다고?

감돌이의 누나가 한참 동안 방에서 나오지 않아요. 누나가 뭘 하는지 궁금한 감돌이는 누나 방을 들여다봤어요.

 누나, 뭘 그렇게 열심히 하고 있어?

 아이, 깜짝이야. 감돌아, 남의 방에 들어올 땐 노크를 해야지.

 아, 누나 미안! 근데 뭘 하느라 내가 가까이 가도 몰라?

 일기 쓰고 있어. 일기 쓰면 좋은 점이 많으니까.

 일기라고? 그런데 무슨 그림을 그리고 있어?

 그거야 그림일기니까 그렇지.

 그림일기? 그림일기는 글을 잘 못 쓰는 애들이나 하는 거지. 누나는 5학년이나 됐는데 무슨 그림일기를 써? 창피하게.

 창피하긴 뭐가 창피해. 그림일기가 좋은 점이 얼마나 많은데. 원래 옛날 사람들도 그림일기를 썼다고.

 진짜?

감돌이 누나는 무엇을 하고 있나요?

 여러분도 일기를 써 본 적이 있나요? 왜 일기를 쓸까요?

 감돌이는 그림일기를 어떻게 생각하나요?

 누나가 말하는 그림일기의 좋은 점은 무엇일까요?

 그림도 글자가 될 수 있을까요, 없을까요?

역사속으로 1 — 바위에 그린 고래 그림

✏️ 다음은 옛날 사람들이 절벽 바위에 그려 놓은 그림이에요. 오래 돼서 그림이 다 뭉개졌어요. 여러분이 예쁘게 색칠해 줘요.

다음 그림을 찾고, 그림과 관련된 이야기를 만들어 봐요.

▶ 바다에 사는 동물 2개

▶ 땅에 사는 동물 2개

▶ 사람 모습 2개

역사속으로 2 — 울산 반구대 바위그림의 역사

> 울산 반구대 바위그림은 선사 시대 사람들의 생활 모습을 알려 주는 매우 귀중한 문화재예요. 바위그림의 이야기를 들어 봐요.

하나 나는 아주 옛날에 사람들이 글자를 쓰지 못할 때 만들어졌어. 사람들은 자기들이 생활하는 모습을 내 몸에 새겨 놓았지.

둘 그래서 나는 오랫동안 남아 있을 수 있었어. 많은 사람들이 나를 보러 찾아왔지. 아주 신기했던 모양이야.

셋 1965년에 댐이 만들어지면서 나는 1년 중 8개월은 물 속에 잠기게 되었어. 그 때부터 사람들은 나를 잊어버렸어.

넷 그러던 어느날 동국대학교 역사 유적 조사단이 나를 다시 찾아냈단다. 내 근처에 살던 사람들이 호랑이 그림이 그려진 신기한 바위가 있다고 알려 주었기 때문이야. 그 때가 바로 1971년 12월 25일이야. 마치 크리스마스 선물 같지 않니?

다섯 우리나라는 1995년 6월 23일에 나를 국보 제285호로 지정했어. 또 문화재청은 나를 유네스코 세계유산으로 등재하기로 했지. 그래서 2010년 1월 11일에 세계유산 잠정 목록에 올라갔단다.

여섯 하지만 나는 요즘 많이 아파. 댐이 만들어진 후 나는 물에 잠겼다 나왔다를 반복하면서 많이 망가져 버렸거든. 사람들도 나를 어떻게 하면 좋을지 고민중이란다.

울산 반구대

✏️ 반구대 바위그림은 현재 어떤 위기에 처해 있나요? 왜 이런 일이 생기게 되었나요?

댐이 무엇인가요?

댐은 무슨 일을 하나요?

🗨️ **토론** 감돌이와 누나의 대화를 듣고 여러분의 생각을 말해 봐요. 여러분은 누구의 의견이 더 맘에 드나요?

 **감돌** 바위그림이 중요하긴 하지만 댐이 없어지면 울산 사람들의 생활이 불편해지잖아. 사람들의 생활이 더 중요하지.

 **누나** 바위그림은 울산 사람들뿐만 아니라 우리나라, 나아가 세계적으로도 중요한 문화유산이야. 그러니 바위그림을 지키는 게 더 중요하지.

감돌

누나

그림으로 표현 해보기

선생님께서 귓속말로 알려 주는 말을 옆 친구에게 전달해요.

? 내가 전달해야 하는 내용

→

1 내용을 글로 써서 친구에게 전달해요.

2 내용을 몸짓으로 친구에게 전달해요.

3 내용을 그림으로 친구에게 전달해요.

4 세 가지 방법을 비교하면서 각각의 좋은 점과 나쁜 점을 찾아봐요.

▶ 좋은 점 :

▶ 나쁜 점 :

여러분이 지난 주에 겪었던 일 가운데 하나를 골라 그림으로 그려 봐요.

그림을 친구에게 보여 줘요. 단, 그림에 대한 설명을 해서는 안 돼요. 친구에게 그림을 보고 어떤 내용인지 글로 써 달라고 해요.

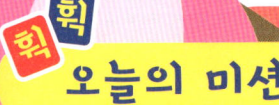

오늘의 미션: 그림 엽서 쓰기

여러분의 가족 가운데 한 사람을 골라 여러분의 마음을 엽서에 그림으로만 표현해 봐요. 그림 엽서를 받은 가족의 반응을 알아 봐요.

▶ 누구에게 쓸 건가요?

▶ 그림 엽서를 받은 _____ 의 반응은 어땠나요?

그림 엽서를 받은 가족의 반응을 다음 주에 선생님에게 꼭 들려 주세요!

4차시
우리나라에서 가장 유명한 섬은 어디일까?

- **똑똑, 궁금해요** 강화도는 어디에 있을까?
- **쏭쏭, 역사 속으로** 강화도 시간 열차 여행
- **짜잔, 나도 할 수 있어요** 강화도 여행을 떠나자!
- **휙휙, 오늘의 미션** 강화도 문화재 소개

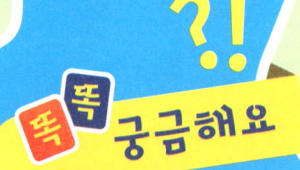

강화도는 어디에 있을까?

감돌이네는 이번에 강화도로 가족 여행을 떠나기로 했어요. 감돌이는 강화도 여행을 앞두고 이것저것 궁금한 게 많아요.

감돌: 아빠, 강화도는 어디에 있어요? 여기 지도 갖고 왔어요.

아빠: 감돌이가 직접 찾아볼까? ㉠_____에는 우리나라에서 가장 큰 섬인 제주도가 있고, ㉡_____에는 일본이 빼앗으려 하는 독도가 있지. 강화도는 ㉢_____에 있는 섬이야.

감돌: 아, 찾았어요. 그럼 강화도가 제주도 다음으로 큰 섬인가요?

아빠: 강화도는 우리나라 섬 가운데 다섯 번째로 큰 섬이었는데, 지금은 네 번째로 큰 섬이 되었단다.

감돌: 섬이면 우리 배 타고 들어가나요?

아빠: 아니, 지금은 강화도와 육지를 이어 주는 다리가 두 개나 생겼단다. 그래서 차로 바로 건너갈 수 있지.

감돌: ㉣다리로 이어졌다구요? 그럼 이제 섬이라고 할 수 없는 거 아니에요?

아빠: 응? 글쎄, 그게 그렇게 되나?

강화대교

감돌이네는 어디로 가족 여행을 가나요?

 다음 지도와 보기를 보고 각각의 물음에 답해요.

 우리 나라에서 크기가 가장 큰 다섯 개의 섬

① 제주도(약 1,846㎢) ② 거제도(약 380㎢) ③ 진도(약 364㎢)
④ 강화도(약 306㎢) ⑤ 남해도(약 301㎢) ※ 참고 : 독도(약 0.187㎢)

1 ㉠㉡㉢의 바다 이름을 써 봐요.

2 지도에서 보기의 섬들을 찾아 표시해요.

3 남해도보다 작았던 강화도가 어떻게 네 번째로 큰 섬이 되었을까요?

4 대한민국 수도 서울과 가장 가까운 섬은?

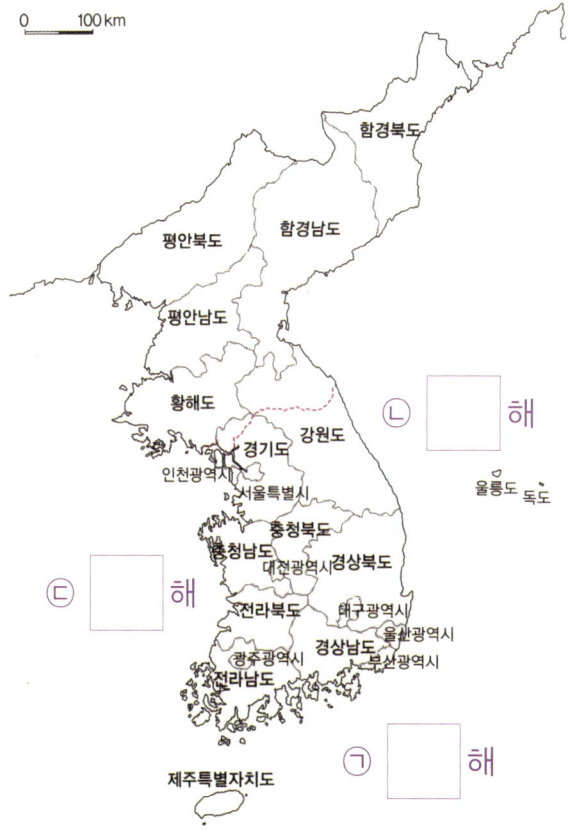

 밑줄 친 ㉣을 읽고 여러분이 감돌이의 궁금증에 답해 줘요.

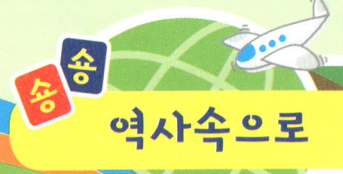

역사속으로 강화도 시간 열차 여행

✏️ 시간 열차를 타고 강화도 여행을 떠나요. 각 역에 내려서 안내문을 읽고 문화재 사진을 찾아 연결해요. 기차 창문에 그 문화재 이름을 써 넣어요.

선사시대 역

고인돌은 선사 시대 사람들의 무덤이에요. 강화도에는 대한민국에서 가장 큰 탁자식 고인돌이 있어요.

고조선 역

참성단은 고조선을 세운 단군왕검이 하늘에 제사를 지냈던 제단이에요.

삼국시대 역

정족산에는 단군의 세 아들이 쌓았다는 **삼랑성**이 있어요. 하지만 실제로는 삼국 시대에 쌓은 성이래요. **정족산성**이라고도 해요.

삼국시대 역

고려산에는 고구려의 대신으로 당나라의 침략을 물리친 연개소문과 관련된 이야기가 많아요. 그래서 이곳에 **연개소문유적비**를 세웠어요.

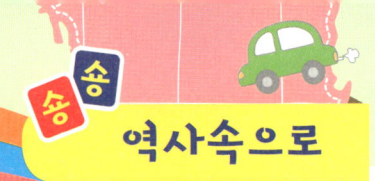

역사속으로

고려시대 역

몽골이 고려를 침략했을 때 고려는 강화도로 수도를 옮기고 저항했어요. **고려궁지**는 1232년부터 1270년까지 39년 동안 고려 궁궐 터였어요.

고려시대 역

전등사는 원래 고구려 때 세워진 진종사였어요. 그런데 고려의 왕비가 이 절에 등을 선물하면서 '등을 전한 절'이란 전등사로 이름이 바뀌었어요.

조선시대 역

강화도는 성과 요새가 많이 있었기 때문에 나라의 중요한 책과 자료를 보관하는 건물을 많이 두었어요. 대표적인 것이 **외규장각**이에요.

조선시대 역

강화도는 서울로 통하는 한강의 입구를 지키는 요새였어요. 그래서 많은 군사 시설을 쌓았지요. 대표적인 것이 **초지진과 광성보**예요.

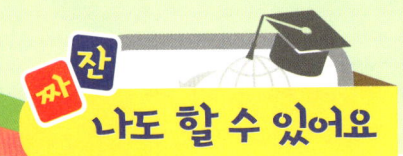

강화도 여행을 떠나자

📜 선사 시대부터 대한민국까지 역사 문화 유적지가 많은 강화도로 함께 여행을 떠나요!

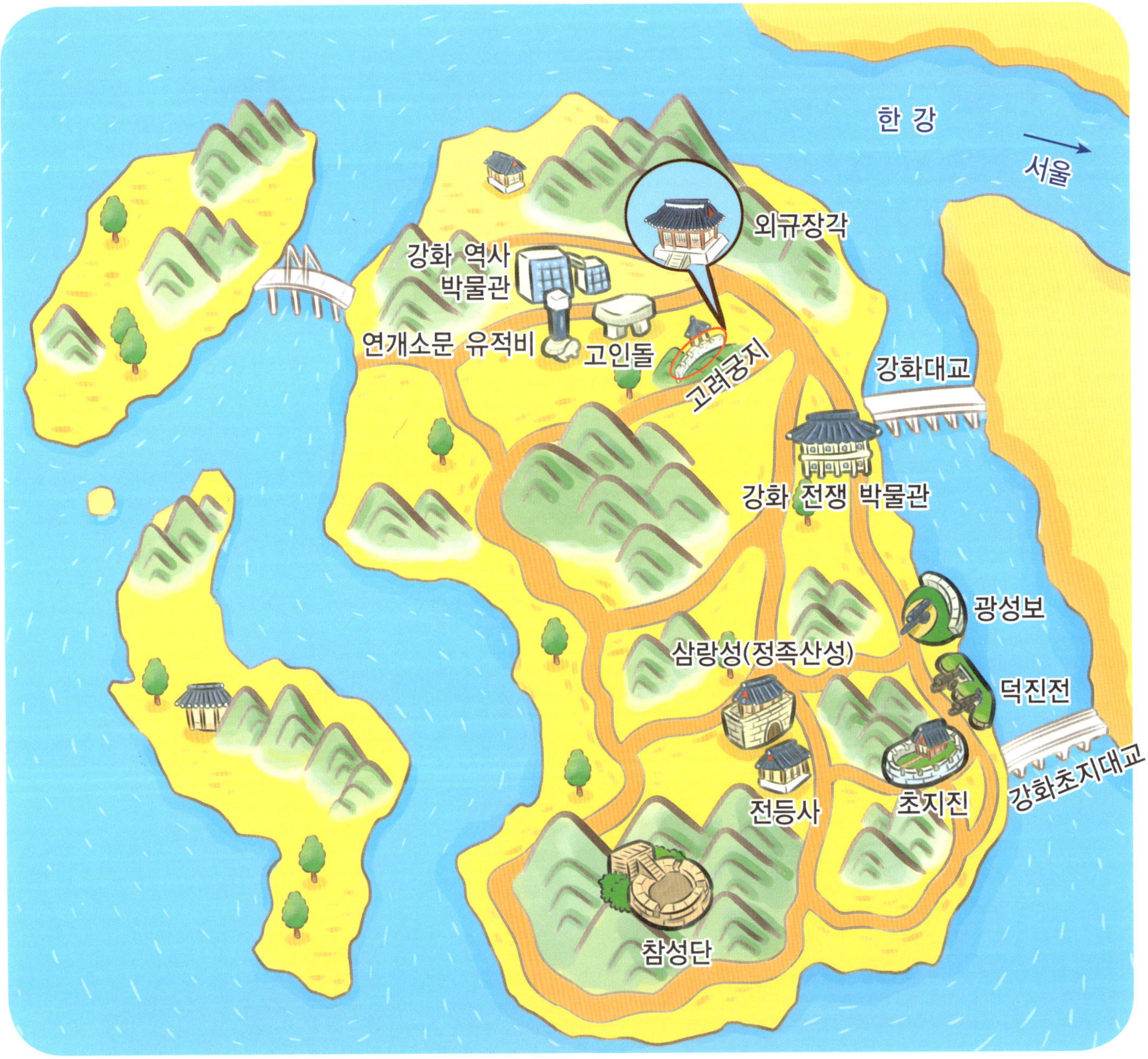

1 여러분이 강화도에 가면 꼭 가 보고 싶은 곳은 어디인가요?

나는 강화도에 가면 _____ 을(를) 꼭 보고 싶어.

왜냐하면 _____ 하기 때문이야.

친구들과 함께 '강화도에 가면~'이라는 게임을 해요. 게임에서 승리한 친구는 누구인가요? 그 친구는 모두 몇 개의 강화도 문화재를 외울 수 있었나요?

[게임 방법]

❶ 친구들끼리 둘러앉아 순서를 정해요.

❷ 가장 먼저 시작하는 친구가 강화도에 가면 볼 수 있는 것 중 한 가지를 골라 다음과 같이 말해요. "강화도에 가면 고인돌도 있고~"

❸ 다음 순서의 친구는 앞 친구가 얘기했던 것을 먼저 말하고 자신이 고른 한 가지를 이어서 다음과 같이 말해요. "강화도에 가면 고인돌도 있고, 참성단도 있고~"

❹ 이렇게 순서에 따라 앞 친구들이 했던 것을 먼저 얘기하고, 다음에 자기가 한 가지를 덧붙여 말을 이어 나가요. 앞 친구들이 얘기했던 것을 까먹거나 순서가 틀리면 탈락이에요. 내가 이어 나갈 것을 대지 못해도 탈락이에요.

▶ 끝까지 남은 친구 _____   ( ) 개

 가족들과 함께 강화도 여행을 떠나요. 어떤 순서로 다닐지 계획을 짜고 지도에 표시해요. 왜 그런 순서로 했는지 발표해요.

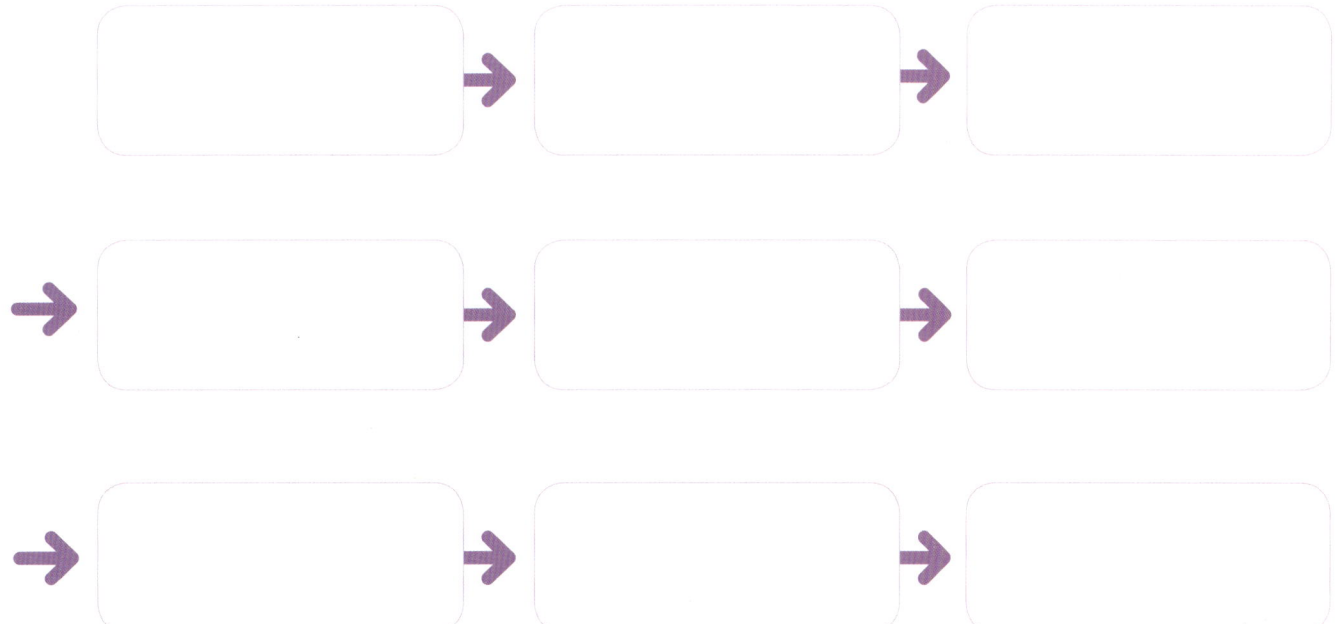

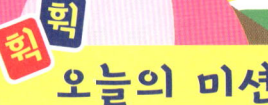 오늘의 미션

강화도 문화재 소개

38쪽에 있는 지도를 보며 강화도의 문화재를 가족들에게 설명해 봐요. 우리 가족이 강화도에서 꼭 가 보고 싶은 곳과 그 이유를 들어 봐요.

 아빠

아빠가 가고 싶은 곳 :

그 곳에 가고 싶은 이유 :

 엄마

엄마가 가고 싶은 곳 :

그 곳에 가고 싶은 이유 :

_____가 가고 싶은 곳 :

그 곳에 가고 싶은 이유 :

_____가 가고 싶은 곳 :

그 곳에 가고 싶은 이유 :

우리 가족이 강화도에서 꼭 가고 싶은 곳이 어디였는지 다음 주에 선생님에게 꼭 들려 주세요!

내가 읽은 역사책

- 책이름
- 지은이
- 출판사
- 읽은날

이 책을 읽고 알게 되었어요!

이 곳에 가고 싶어요

이번 달에 배운 유적지 중 가장 가보고 싶은 곳 하나를 골라 답사 계획서를 작성해 보세요.

유적지	
유적지 주소	
답사 예정 날짜	함께할 사람
가보고 싶은 이유	
보고 싶은 유물과 유적	

답사 여행을 다녀와서

재미있게 답사를 잘 다녀왔지요? 보고서로 정리하면 더욱더 잊혀지지 않는 추억이 된답니다.

이름		날짜	년 월 일
유적지 이름			
같이 간 사람			
내가 본 유물과 유적			
느낀 점			

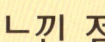

티켓 / 사진 붙이는 곳

예시답안

1차시 곰이 사람이 될 수 있을까?

<똑똑, 궁금해요> 나랑 비슷한 동물은?

자기 소개를 어려워하는 감돌이를 도와주면서 '비유'를 알아봅니다. 감돌이가 동물에 비유해서 자신의 장점을 설명하는 상황을 넣은 것은 이후에 단군왕검의 어머니가 곰이 변하여 된 여인이었다는 것이나 주몽이 알에서 태어났다고 하는 신화 이야기를 이해하기 위한 사전 활동입니다.

- 친구들에게 자기 소개하는 방법
- 나와 비슷한 동물을 이용해서 소개하기
- 재빠르다, 야채를 잘 먹는다, 똑똑하다
- 토끼, 토끼의 모습을 그려 본다.
- ⓒ 웅녀(또는 단군왕검의 어머니), ⓒ 주몽(박혁거세, 김수로도 가능)

<쑹쑹, 역사속으로 1> 고조선을 세운 단군왕검

그림을 연결해서 이야기를 만드는 활동을 하며 단군왕검이 고조선을 세우는 이야기를 알게 합니다. 처음에 내 맘대로 이야기를 연결할 때에도 그림의 순서를 결정할 수 있었던 자기만의 이유를 찾아 발표하게 합니다.

- 자유롭게 연결한다.
- 내가 연결한 순서에 따라 그림을 보고 이야기를 만들어 본다.
- 선생님이 들려주는 이야기 : 번호별 내용으로 이야기를 들려주세요.

    ⑤ → ② → ⑥ → ③ → ① → ④

    ⑤ : 환웅은 하늘나라를 다스리는 신인 환인의 아들이에요. 환웅은 아버지에게 땅으로 내려가고 싶다고 얘기했어요.

    ② : 아버지의 허락을 받은 환웅은 비·바람·구름을 다스리는 신하들과 많은 사람들을 데리고 땅으로 내려왔어요.

    ⑥ : 곰과 호랑이가 환웅을 찾아와 사람이 되고 싶다며 그 방법을 물어 봤어요.

    ③ : 곰과 호랑이는 환웅이 알려준 대로 동굴에 들어가 햇빛을 보지 않고 쑥과 마늘만 먹었어요. 호랑이는 견디지 못하고 뛰쳐나갔지만 곰은 남았어요.

    ① : 약속을 지킨 곰은 변하여 여인이 되었어요. 환웅과 여인은 결혼하여 사내아이를 낳았는데, 이 사람이 단군왕검이에요.

    ④ : 단군왕검은 아사달에 도읍을 정하고 조선을 세웠어요. 단군왕검이 세운 조선은 고조선이라고도 해요.

<쑹쑹, 역사속으로 2> 고조선을 세운 주몽

주사위 게임을 하면서 주몽이 고구려를 세우는 이야기를 알게 합니다. 게임을 진행하면서 중간중간 주몽의 고구려 건국 이야기를 들려 주세요.

- 6쪽에 있는 '주몽 이야기'를 먼저 읽어 주면서 주몽이 어떻게 태어났는지 또 왜 부여를 떠나야 했는지 알게 해 주세요.
- 7쪽에 있는 게임 방법을 읽어 주면서 주몽이 부여를 떠나 어디로 향하고 있는지 알게 해 주세요.
- 그림 가운데 있는 강과 물고기 그리고 자라에 대한 내용을 설명해 주세요.

"주몽이 부여를 탈출해 남쪽으로 내려갈 때 큰 강을 만나 건널 수가 없었어요. 그 때 물고기와 자라가 나타나 다리를 만들어 주었고, 주몽은 무사히 강을 건널 수 있었어요. 주사위를 굴려 나온 수에 따라 강을 건너가는데 물고기나 자라에서 멈추면 통과, 물 위에서 멈추면 한 번 쉬어야 해요."

- 주몽팀이 졸본에 먼저 도착해서 게임이 끝나면 주몽의 입장에서 어떤 말을 했을까 상상해서 이야기하게 해 주세요. 반대로 부여왕자의 입장에서는 어떤 말을 했을까 이야기하게 해 주세요.
- 부여왕자팀이 주몽팀을 잡아서 게임이 끝나면 어떤 말을 했을까 상상해서 이야기하게 해 주세요. 반대로 주몽의 입장에서는 어떤 말을 했을까 이야기하게 해 주세요.

<짜잔, 나도 할 수 있어요> 나를 소개해 봐요

단군왕검과 주몽의 이야기를 통해 우리 조상들이 특정한 동물에 비유하여 자신의 장점을 사람들에게 널리 알렸음을 이해하게 합니다. 이와 같은 방식을 빌려 이번에는 자기 소개를 하게 합니다. 특히 나와 비슷한 동물을 찾을 때는 겉모양만이 아닌 성격이나 버릇과 같은 다양한 특징을 찾을 수 있도록 해 주세요.

- 자유롭게 생각해서 이야기한다. (곰은 실제 동물이 아니라 곰을 수호신으로 섬기던 부족입니다. 곰이 변하여 된 여인은 바로 이 곰 부족장의 딸이나 여동생이었을 것입니다. 웅녀가 환웅과 결혼하여 단군왕검을 낳았으니, 단군왕검의 두 부족 모두의 정당한 후계자가 되는 것입니다.)
- 자유롭게 생각해서 이야기한다. (알은 겉모양이 하늘에 있는 태양과 비슷하기 때문에 그 자체로 하늘 또는 태양을 상징합니다. 또 알은 새가 낳는데 예부터 사람들은 자유롭게 날아다니는 새를 하늘의 뜻을 전하는 존재로 생각했습니다. 주몽이 자기 자신을 알에서 태어났다고 말하는 것은 사람들이 자신을 하늘의 자손으로 여기게 하기 위해서입니다.)
- 나와 비슷한 동물의 모습을 그리고 나와 비슷한 점들을 옆에 정리한다.
- 친구들의 발표를 듣고 각각의 내용을 표에 정리한다.
    - 가장 발표를 잘했다고 생각하는 친구 한 명을 고른다. 그렇게 생각하는 이유도 함께 써 본다.

45

예시답안

2차시 설날에는 왜 떡국을 먹을까?

<똑똑, 궁금해요> 꿩 대신 닭이라고?

> 감돌이와 엄마가 함께 떡국을 준비하는 상황을 넣은 것은 이후에 설날의 전통 음식인 떡국에 대해 알아보기 위한 사전 활동입니다. 가래떡이나 떡국을 먹어 본 경험을 자세하게 얘기할 수 있도록 지도해 주세요.

💡 가래떡
- 1 길쭉한 모양
- 2 하얀색
- 3 자신의 기억을 살려 자유롭게 이야기한다.
- 4 자신의 기억을 살려 자유롭게 이야기한다.

💡 떡국
- 만두. 자유롭게 생각해서 이야기한다.
- 자유롭게 생각해서 이야기한다. 본래 떡국은 꿩고기로 국물의 맛을 냈는데, 구하기 힘든 꿩 대신에 점차 닭을 이용하였다. 여기에서 꼭 적당한 것이 없을 때 그와 비슷한 것으로 대신하는 경우를 비유적으로 이르는 '꿩 대신 닭'이라는 말이 생겨났다고 한다.

<쑥쑥, 역사속으로 1> 떡국 이야기

> 한석봉과 어머니의 이야기를 통해 떡국 떡에 대한 관심을 불러일으킵니다. 썰어 놓은 떡국 떡의 모습, 길게 늘인 가래떡의 모습, 완성된 떡국의 모습을 통해 설날에 떡국을 먹는 의미에 대해 알게 합니다.

- ① → ◯, ② → ⬭ / 자유롭게 생각해서 이야기한다 (썰기 쉽다, 썰었을 때 더 풍성해 보인다, 잡기 쉽다 등등)
- 둥글고 납작하게 썰어 놓은 떡의 모습 → 떡국 떡의 모습이 엽전(동전)을 닮아 재산이 많이 불어나기를 바라는 뜻, 길게 늘인 가래떡 → 긴 가래떡처럼 오래오래 살라는 뜻, 맑은 국물에 끓인 하얀 떡 → 깨끗한 몸과 마음으로 새해를 맞이하라는 뜻

<쑥쑥, 역사속으로 2> 설날의 세시풍속

> 색칠하기, 따라해 보기 등의 활동을 통해 설빔, 차례, 세배, 덕담과 세뱃돈 등 설날의 세시풍속과 여기에 담긴 의미를 알게 합니다.

- 설빔 입은 모습을 상상하며 색칠한다.
- 차례를 지냈던 경험을 떠올리며 얘기한다.
- 세배하는 법에 따라 직접 세배를 해본다.
- 아빠나 엄마에게 듣고 싶은 덕담을 적는다. 그 외에 세배하고 싶은 사람을 떠올리며 빈칸에 쓰고 그 사람에게 듣고 싶은 덕담을 적는다. 세뱃돈으로 하고 싶은 일을 적는다.

<짜잔, 나도 할 수 있어요> 윷놀이 해보기

> 우리 민족이 예부터 즐겨 온 윷놀이를 하며, 예전부터 지금까지 우리 생활에 이어져 오는 것이 전통임을 알게 합니다. 하지만 전통은 또 이전과는 다른 모습으로 변하기도 합니다. 감돌이와 누나의 토론을 통해 전통을 그대로 지켜 나가는 모습과 상황에 따라 변화를 주는 모습에 대해 생각하게 합니다.

📕 윷놀이는 네 개의 윷가락을 던져 나온 모양에 따라 말을 움직여 노는 전통 놀이입니다. 말은 보통 네 개 이용합니다. 윷가락을 던져 나온 모양에 따라 도, 개, 걸, 윷, 모로 달리 부릅니다. 도는 한 칸, 개는 두 칸, 걸은 세 칸, 윷은 네 칸, 모는 다섯 칸을 움직이며, 윷과 모가 나오는 경우 한 번씩 더 던질 수 있습니다. 뒷도는 나중에 생긴 규칙으로 특별한 표시를 해 놓은 윷가락 한 짝이 뒤집힌 경우 본래 도와는 달리 뒤로 한 칸 이동합니다.

18쪽에 있는 그림을 이용하여 도, 개, 걸, 윷, 모에 해당하는 윷가락의 모양과 각각의 동물을 확인시켜 주세요. 윷가락의 이름에 사용된 동물은 예부터 우리가 기르던 가축입니다. 이는 이들 가축이 옛날 사람들에게 큰 재산이었고, 또 가장 친밀한 짐승이었기 때문입니다.

처음 시작할 때 윷가락을 던져 높은 끗수가 나온 쪽이 먼저 시작합니다. 네 개의 말이 출발지에서부터 윷판을 한 바퀴 돌아 원래 자리로 모두 돌아오는 쪽이 이깁니다. 말은 한 번에 여러 개를 낼 수 있으며, 같은 자리에 두 개 이상의 우리 편 말이 올라가는 경우 다음부터는 그 말들을 함께 움직일 수 있습니다. 반대로 상대편 말이 우리 편 말이 있는 곳에 오는 경우 우리 편 말을 잡을 수 있으며, 상대편이 한 번 더 윷을 던질 수 있습니다.

윷놀이는 나무막대기 넷을 가지고 노는 놀이인데, 윷이 넷을 뜻하기 때문에 여기에 놀이가 붙어서 이와 같은 이름이 만들어진 것으로 생각합니다.

- 🧍 ➡ 자유롭게 생각해서 이야기한다.
- ➡ 자유롭게 생각해서 이야기한다.
- 토론 누나와 감돌이의 이야기 가운데 자신과 생각이 비슷한 쪽을 골라 얘기한다.

예시답안

3차시 바위에 왜 고래 그림을 그렸을까?

<똑똑, 궁금해요> 그림일기는 창피하다고?

> 감돌이와 누나가 그림일기에 대해 이야기하는 상황을 넣은 것은 이후에 울산 반구대 바위그림 이야기를 알아보기 위한 사전 활동입니다. 사람들의 의사소통 수단으로 그림도 문자와 같은 역할을 할 수 있음을 알게 합니다.

- 그림일기를 쓰고 있다.
- 자신의 경험을 떠올리며 얘기한다.
- 글을 잘 못 쓰는 애들이나 쓰는 창피한 일.
- 자유롭게 생각해서 이야기한다.
- 자유롭게 생각해서 이야기한다. 단, 그림도 넓은 의미의 문자로 인정받고 있다.

<쏭쏭, 역사속으로 1> 바위에 그린 고래 그림

> 울산 반구대 암각화는 문자를 사용하지 않았던 선사 시대 사람들의 생활 모습을 알려주는 매우 귀중한 문화재입니다. 당시 사람들이 반구대 암각화를 그린 이유에 대해서는 사냥의 성공을 기원하는 의미, 있었던 일을 잊지 않고 기억하려는 의미, 사냥 방법을 알려 주는 의미 등이 있다고 여겨집니다. 반구대 암각화에 그려진 동물들의 모습을 찾아 이와 관련된 이야기를 만들어 보면서 그림을 그린 당시 사람들의 마음을 짐작해 보게 합니다.

- 예쁘게 색칠해 본다.
- 작살 맞은 고래, 아기 고래와 함께 있는 어미 고래, 머리 위로 두 갈래 물줄기를 쏘아 내는 고래, 거북이 등
- 줄무늬가 있는 호랑이, 구덩이에 빠진 짐승, 울타리에 갇힌 짐승, 목에 줄이 매인 짐승 등
- 팔과 다리를 활짝 펼친 사람, 창을 던지는 듯한 사람, 활을 쏘는 사람, 고래를 자르는 사람 등

<쏭쏭, 역사속으로 2> 울산 반구대 바위그림의 역사

> 울산 반구대 바위그림의 역사를 알아봅니다. 울산 사람들이 사용할 물을 공급하기 위한 댐과 이로 인해 망가져 가는 울산 반구대 바위그림을 통해 지역 개발과 문화재 보존을 둘러싼 갈등에 대해 생각하게 합니다.

- 댐 건설 이후 물에 잠겼다 나왔다를 반복하면서 바위그림이 망가지고 있다.
    - 토론 자유롭게 생각해서 이야기한다. 바위그림도 보존하고 울산 사람들에게도 불편을 주지 않을 방법이 있는지 생각해 본다.

<짜잔, 나도 할 수 있어요> 그림으로 표현해 보기

> 똑같은 상황을 글·몸짓·그림으로 전달하면서 의사 소통의 다양한 방법을 경험합니다. 의사 소통에서 각각의 장단점을 찾아보고, 글·몸짓·그림이 좀더 적절한 상황이 어떤 것인지에 대해서도 생각하게 합니다.

1. 선생님이 알려 주신 내용을 글로 써서 친구에게 보여 준다.
2. 선생님이 알려 주신 내용을 몸짓으로 친구에게 보여 준다.
3. 선생님이 알려 주신 내용을 그림으로 그려 친구에게 보여 준다.
4. 선생님이 알려주신 내용을 전달할 때 각각의 좋은 점과 나쁜 점을 찾아본다.

- 글을 쓰지 않고 그림일기를 그려 본다.
- 나의 그림일기에 대한 설명을 친구에게 써 달라고 한다.

예시답안

4차시 우리나라에서 가장 유명한 섬은 어디일까?

<똑똑, 궁금해요> 강화도는 어디에 있을까?

감돌이네가 강화도로 가족 여행을 떠나기로 한 이야기를 넣은 것은 한반도의 주요 섬 가운데 선사 시대부터 대한민국까지 다양한 역사 이야기가 남아 있는 강화도를 알아보기 위한 사전 활동입니다.

💡 강화도

1. ㉠ → 남해, ㉡ → 동해, ㉢ → 서해
2. 보기의 섬들을 지도에서 찾아 표시한다.
3. 육지 가까이에 있는 바다를 둑으로 막고 그 안의 물을 빼내어 육지로 만들었다.
4. 강화도

💡 자유롭게 생각해서 이야기한다.

<쏭쏭 역사속으로 I> 강화도 시간 열차 여행

한반도의 중심부에서 가장 가까운 섬 가운데 하나인 강화도에서는 일찍부터 다양한 역사 이야기들이 많이 남아 있습니다. 강화도의 주요 문화재를 시대별로 분류하면서 선사 시대, 고조선, 삼국 시대(고구려, 백제, 신라), 고려 시대, 조선 시대, 대한민국에 이르는 우리 역사의 흐름을 알게 합니다.

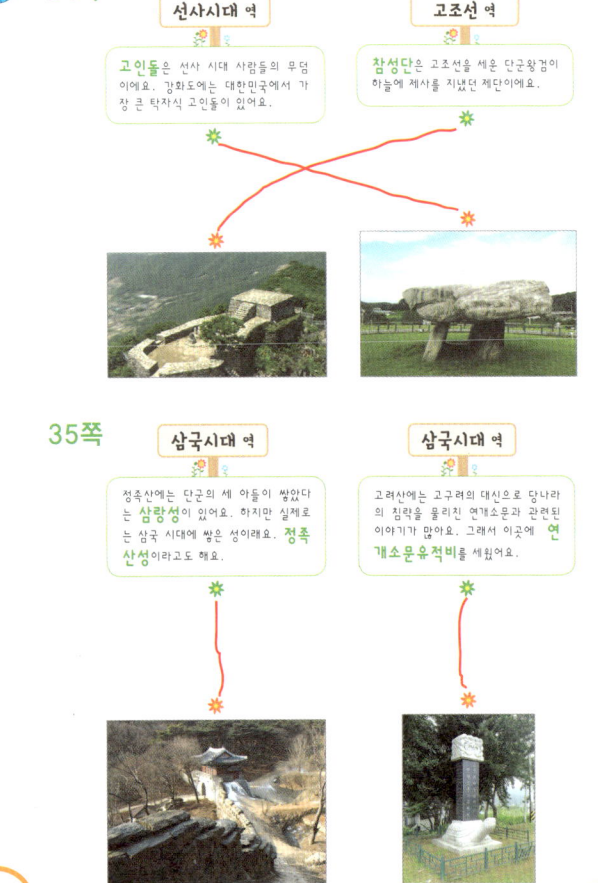

34쪽

35쪽

36쪽

37쪽

<짜잔, 나도 할 수 있어요> 강화도 여행을 떠나자!

강화도 여행 일정을 짜 보면서 강화도의 주요 문화재들의 위치를 확인합니다. 아이 스스로 여행 계획을 짜면서 강화도에 남아 있는 역사 문화재들의 이름을 알고 문화재에 관심을 갖게 합니다.

📕 강화도에 가면 꼭 가 보고 싶은 문화재를 찾아 발표한다.

👤 '강화도에 가면~'이란 게임에서 승리한 친구가 모두 몇 개의 문화재를 외웠는지 적는다.

발표 가족들과 강화도 여행을 갈 때 어떤 순서로 다닐지 여행 일정을 짜서 발표한다.